Zonder strepen

Julie Geraedts

Geschreven door:
Julie Geraedts

Illustraties van:
Julie Geraedts

Uitgegeven door:
Graviant educatieve uitgaven, Doetinchem

ISBN 978-94-91337-72-7

Voorwoord

Wat begon als een kort gedichtje, groeide uit tot dit prentenboek. Een prentenboek over anders zijn, pesten, erbij willen horen en acceptatie. Ik heb met veel plezier gewerkt aan de tekst en illustraties en ik hoop dat jullie veel plezier beleven aan het (voor)lezen en bekijken ervan!

Julie Geraedts

Zebra staat altijd heel alleen,
want strepen heeft hij geen.

De andere zebra's lachen hem uit.
'Kijk hem daar met zijn gekke witte snuit!'

Er is niemand die met zebra speelt,
waardoor hij zich vaak erg verveelt.

Zebra kan er niet meer tegen.
Gelukkig heeft hij een goed idee gekregen.

Hij rent naar zijn speelgoed en snuffelt wat rond.
Ja hoor, langs zijn bal staat een grote pot verf op de grond.

Zebra verft zichzelf van onder tot boven
Als hij klaar is, kan hij zijn ogen niet geloven

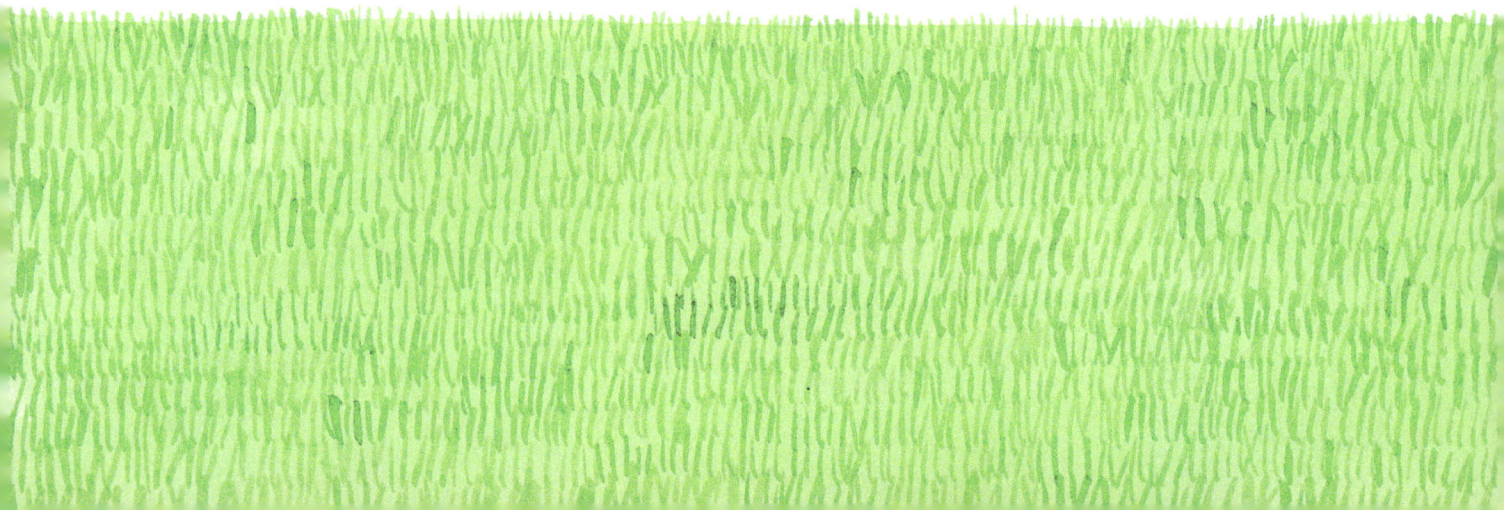

Dikke zwarte strepen staan op zijn witte vacht.
Dat het zo mooi zou worden, had zebra niet verwacht!

Trots als een pauw loopt zebra
naar de anderen heel gauw.

Tot zijn verbazing lacht
niemand hem meer uit
en wordt er niets gezegd
over zijn gekke snuit.

Voor het eerst kunnen ze samen lekker rennen en huppelen...

...maar dan begint het te druppelen.

De regen laat de vacht
van zebra weer veranderen.
Dat zien ook de anderen.

Zwarte druppels glijden omlaag.
De strepen van zebra verdwijnen traag.

Zachtjes begint zebra te snikken.

'Mijn mooie strepen, zomaar weg.'
'Ik heb ook altijd pech!'

'Nu lachen jullie me straks gewoon weer uit
om mijn witte snuit.'

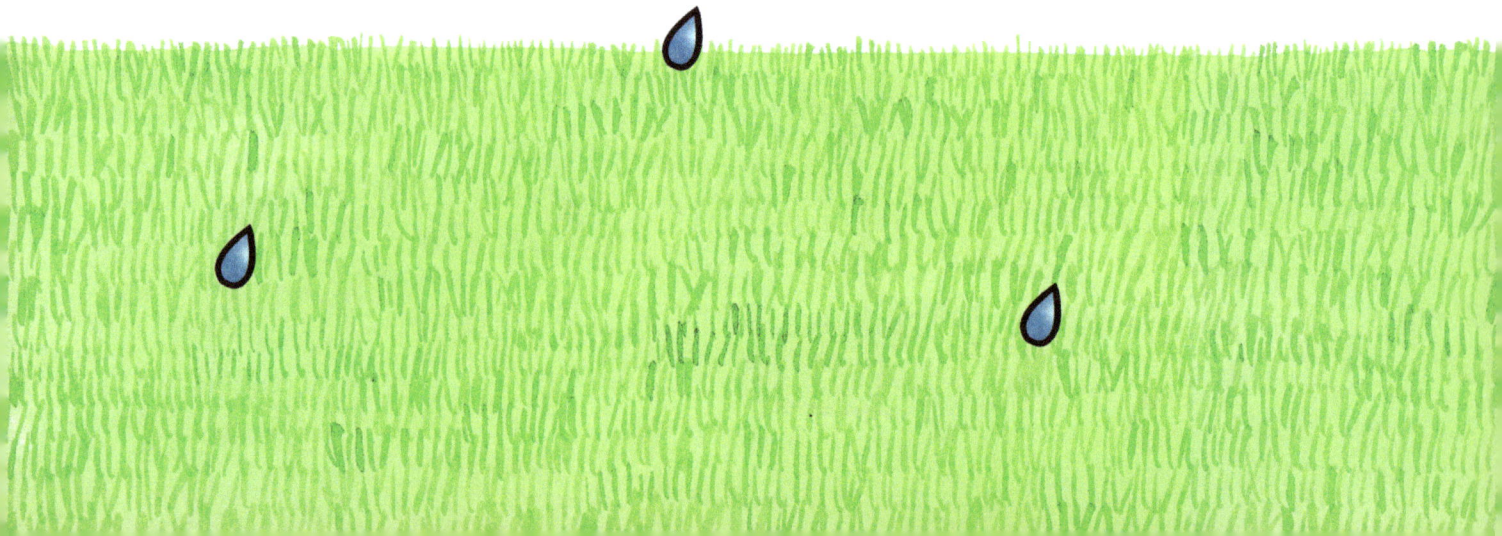

Even is het stil, maar dan roepen de andere zebra's luid:
'Met of zonder strepen, het maakt ook helemaal niets uit!'

'We vinden het fijn als je met ons speelt en rent.'
'Je bent leuk zoals je bent.'

Zebra is verbaasd, maar ook erg blij.
Hij heeft er twee vrienden bij.

Over dit boek

'Zonder strepen' is een prentenboek voor peuters en kleuters. Het boek maakt de thema's 'anders zijn' en 'pesten' bespreekbaar. Door dit boek leren kinderen al op een jonge leeftijd dat niet iedereen hetzelfde is en dat 'anders zijn' niet betekent dat iemand niet leuk is.

Het maakt niet uit wie je bent en hoe je eruitziet.
Iedereen is de moeite waard!

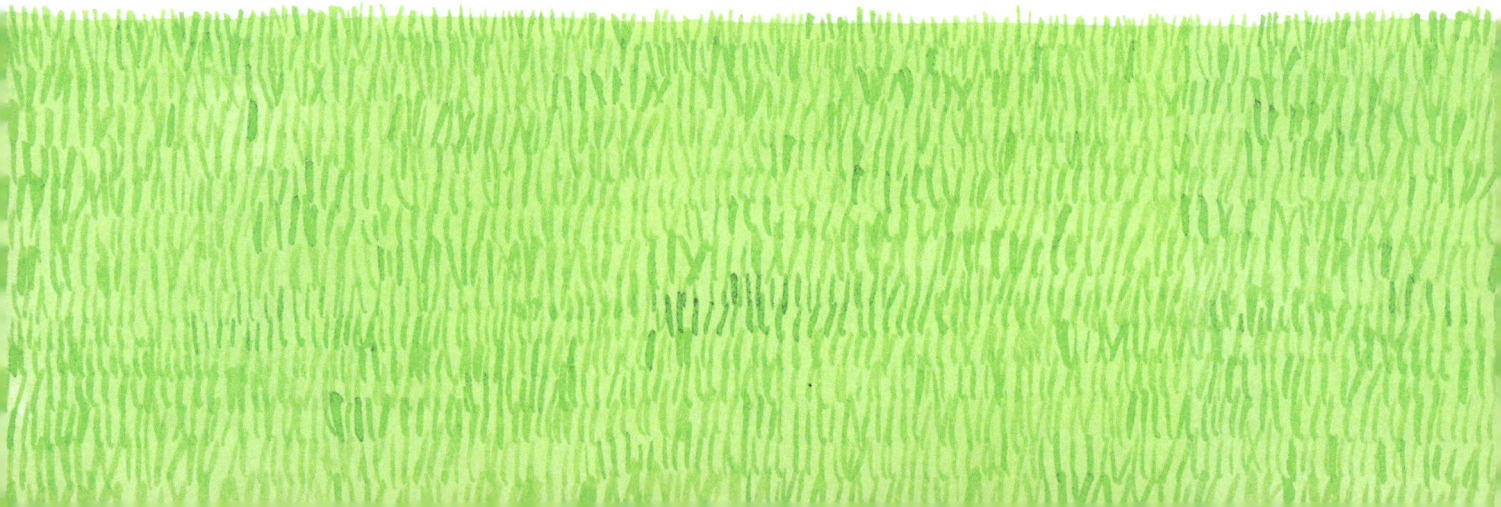

www.ingramcontent.com/pod-product-compliance
Lightning Source LLC
Chambersburg PA
CBHW040849100426
42813CB00015B/2754